（宋）蘇軾 撰

明成化本東坡七集

第一〇册

國家圖書館出版社

第一〇册目録

東坡後集二十卷（卷第一）

重刊明成化本東坡七集

吳

十二歲

影阡東

寶華盦刻

東坡後集目録

第一卷

詩六十四首

戲作放魚　復次放魚前韻

九月十五觀月聽琴西湖　次韻謝趙景貺陳履常見和

送歐陽主簿赴官韋城四首　泛潁

六觀堂老人草書　次韻劉景文見寄

次韻習兩歐陽詩破陳酒戒　勸履常飲

臂痛謁告作三絶句　到潁公帑已竭齋厨索然

兩歐陽許唱和以此句挑之　贈月長老

次韻荅錢穆父見寄　荅王定國

送歐陽推官赴華州監酒　以病在告獨酌

有懷諸君子望夜月庭招之　歐陽季默以油煙墨見餉

明日復以大魚為餽　和趙景貺栽檜

葉待制求先墳永慕亭詩　與趙陳同過歐陽叔弼小齋

聚星堂雪　叔弼誦淵明事歎其絶識

喜劉景文至　禱雨龍公既應次韻劉景文

戲書樂天身心問答後　西湖戲作一絶

送歐陽季黙赴闕　用前韻作雪詩留景文

和劉景文見贈　和劉景文雪

次韻送劉景文　以屛山贈歐陽叔弼

新渡寺席上次韻送叔弼

第二卷

二、九三

詩五十六首

春思且懷吴越山水　次韻陳履常張公龍潭

竹間亭小酌懷府
(sic)對䳨季默　蠟梅一首贈趙景貺

送王竦朝散赴闕　次韻張朝奉仍招晚飲

閻立本職貢圖　次韻王滁州見寄

和趙景貺求東齋榜銘　洞庭春色

送路都曹　次韻陳履常雪中

謝二鮮于以詩文見寄　趙德麟雪中惜梅且餉柑酒三首

和陳傳道雪中觀燈　閱世亭詩贈任仲微

新渡寺送任仲微　送運判朱朝奉入蜀

第三卷

詩六十六首

次韻錢穆父會飲　次韻穆父侍祠郊丘
郊祀慶成詩
和錢穆父蔣穎对王仲至四首
見和西湖月下聽琴　見和仇池
玉津園　籍田
海神廟不果還　沐浴僧舍與趙德麟邂逅
次韻王仲至喜雪御筵　以仇池石借王晉卿
次天字韻答岑巖起　石塔寺
次韻蔣穎对二首 扈從景靈宮 凝祥池　和对盎畫馬次韻
王晉卿欲奪海石復次前韻　以宕易畫晉卿難之復次韻
謝劉景文以畫松鶴為壽　謝程德孺惠海中柏石

汝公乞詩復用前韻　吴子野出家贈以扇山枕屏

東府雨中別子由　送王敏仲北使

書丹元子所示李太白真　次韻曾仲錫食蜜漬生荔支

大行太皇太后挽詞二首　再和曾仲錫荔支

次韻滕大夫三首　雪浪石

同前　沉香石

石芝　鶴歎

送曾仲錫通判如京師　和錢穆父送別并求頓遞酒

第四卷

詩七十首

碧落洞　峽山寺
舟行至清遠縣見顧秀才　廣州蒲澗寺
贈蒲澗信長老　發廣州
浴日亭　游羅浮山
初到惠州　寓居合江樓
白水山佛迹巖　詠湯泉
自笑　朝雲
寄虎兒　松風亭下梅花盛開
再用前韻　新釀桂酒
惠守詹君見和復次韻　花落復次前韻

第五卷

詩六十七首

第六卷

第七卷

詩八十九首

九江與蘇伯固唱和
次韻韶守狄大夫
次韻韶倅李通直二首
狄韶州煮蔓菁蘆菔羹
李伯時畫舊宅圖
贈龍光長老
贈嶺上老人
贈嶺上梅
龍泉鐘上次前韻
過嶺二首
留題顯聖寺
過田氏水閣留題
乞數珠
欝孤臺再過虔州和前韻
虔守霍大夫復次前韻
贈虔州術士謝君
虔州景德寺榮師湛然堂
和陽行先
用數珠韻贈湜長老
和猶子遲韻贈孫志舉

第八卷

賦八首

詩一首

雪浪齋銘　　漢鼎銘

潛珍閣銘　　九成臺銘

第九卷

硯銘十一首

丹石硯銘　　王仲儀硯銘

端石硯銘二首　　黄魯直銅雀硯銘

陳公密子石硯銘　　龍尾石月硯銘

邁硯銘　　迨硯銘

卯硯銘　　唐陸魯望硯銘

贊八首

九馬圖贊　黄初平牧羊圖贊
二疎圖贊　延州來季子贊
偃松屏贊　三馬圖贊
李潭六馬圖贊　李端叔真贊
雜文十六首
太息一首　書王奥所藏　太宗御書後
送錢塘僧思聰歸孤山敘　書諸公送周梓州詩後
趙德麟字説　書杜輿子師字説後
書東臯子傳後　書黄子思詩集後
外曾祖程公逸事　藥誦

謝兼侍讀表二首

謝三伏早休表二首

謝除龍圖閣學士知潁州表二首

謝賜對衣金帶馬狀二首

潁州謝到任表二首

賀德音表二首

賀興龍節表

賀駕幸太學表二首

謝賜曆日表二首

揚州謝到任表二首

第十三卷

謝除兩職守禮部尚書表二首

謝賜對衣金帶馬狀二首

笏記二首

定州謝到任表

慰正旦表

謝賜曆日表

慰宣仁聖烈皇后山陵禮畢表

慰宣仁聖烈皇后祔廟禮畢表

謝賜衣襖表

到惠州謝表

到昌化軍謝表

提舉玉局觀謝表

慰皇太后上仙表

踈文

興龍節功德踈文五首

坤成節功德踈文七首

太皇太后本命歲功德踈文

景靈宫祈福道場功德踈文

第十四卷

啓

書

杭州上執政書二首　揚州上呂相書

荅虔倅俞括奉議書　荅王庠書

荅潮州吳秀才書　荅謝民師書

荅劉沔都曹書

第十五卷

記

衆妙堂記　瓊州惠通井記

南安軍學記　順濟王廟新獲石砮記

碑

上清儲祥宫碑　昭靈侯廟碑

定州謁諸廟祝文　謁文宣王廟祝文

北嶽祈雨祝文　立春祭土牛祝文

春祈北嶽祝文　春祈諸廟祝文

祈雨諸廟祝文　定州辭諸廟祝文

祭文

祭大覺禪師文　祭歐陽文忠公文

祭張文定公文三首　祭龍井辨才文

祭亡妻同安郡君文　祭韓忠獻公文

大行太皇太后靈駕發引文　祭滕大夫母楊夫人文

惠州祭枯骨文　祭亡妹德化縣君文

趙康靖公神道碑

第十九卷

釋教五十首

請淨慈法誦禪師入都疏　捨銅龜子文

書若逵所書經後　重請戒長老住石塔疏

書孫元忠所書華嚴經後　觀音贊

羅漢贊十六首　水陸法像贊十六首

釋迦文佛頌　僧迦贊

阿彌陀佛贊　無名和尚頌觀音偈

無名和尚傳贊　蘇程庵銘

思無邪齋銘　虔州崇慶禪院新經藏記

書柳子厚大鑒禪師碑後　書金光明經後

金剛經跋尾　廣州東莞縣資福寺舍利塔銘

第二十卷

釋教二十五首

海月辯公真贊　夢齋銘

十八大阿羅漢頌各一首　藥師琉璃光佛贊

廣州資福寺羅漢閣碑　靜安縣君許氏繡觀音贊

繡佛贊　東莞資福堂老柏再生贊

補禪月羅漢贊九首　談妙齋銘

東坡後集目録

東坡後集卷第一

詩六十四首

次韻劉景文西湖席上一首

二老長身屹兩峰，常撞大吕應黄鍾。將辭鄴下劉公幹，却見雲間陸士龍。白髪憐君略相似，青山許我定相從。吾今官已六百石，慙愧當年邴曼容。

次前韻答馬忠玉一首

坡陀巨蘗起連峰，積累當年慶自鍾。靈運子孫俱得鳳，慈明兄弟孰非龍。河梁會作看雲别，詩社何妨載酒從。秪有西湖似西子，故應宛轉為君容。

予去杭十六年而復來留二年而去平生
自覺出處老少粗似樂天雖才名相遠而
安分寡求亦庶幾焉三月六日來别南北
山諸道人而下天竺惠淨師以醜石贈行
作三絶句
當年衫鬢兩青青强説重臨慰别情衰髮秪今無可
白故應相對話來生
出處依俙似樂天敢將衰朽較前賢便從洛社休官
去猶有閑居二十年
在郡依前六百日山中不記幾回來還將天竺一峯

去欲把雲根到處栽

次韻荅黄安中兼簡林子中

老去心灰不復然一麾江海意方堅那堪黄散付子
度空羡杭蘇養樂天病肺一春難白酒别腸三夜遠
朱絃群仙政欲吾歸去共把清風借玉川

留别蹇道士拱辰

黒月在濁水何曾不清明寸田滿荆棘梨棗無從生
何時反吾真歲月今崢嶸屢接方外士早知俗縁輕
庚桑託雞鵠未肯化南榮晚識此道師似有宿世情
笑指北山雲訶我不歸耕仙人漢陰馬微服方地行

咫尺不徃見煩子通姓名願持空手去獨控橫江鯨

次韻子由書王晉卿畫山水二首

老去君空見畫夢中我亦曾遊〈一〉桃花縱落誰見水到人間伏流

山人昔與雲俱出俗駕今隨水不回賴我胸中有佳處一樽時對畫圖開

又書王晉卿畫四首

山陰陳迹

當年不識此清真强把先生擬季倫等是人間一陳迹聚蚊金谷本何人

雪谿乘興

谿山雪月雨佳哉賓主談鋒夜轉雷猶言不見戴安道為問逵從何處來

四明狂客

毫端偶集一微塵何處谿山非此身狂客思歸便歸去更求敕賜枉天真

西塞風雨

斜風細雨到來時我本無家何處歸仰看雲天真蒻笠旋收江海入簑衣

破琴詩 并引

舊説房琯開元中嘗宰盧氏與道士邢和璞出游過夏口村入廢佛寺坐古松下和璞使人鑿地得甕中所藏婁師德與永禪師書笑謂琯曰頗憶此耶琯因悵然悟前生之為永師也故人柳子玉寶此畫云是唐本宋復古所臨者元祐六年三月十九日予自杭州還朝宿吳松江夢長老仲殊挾琴過予彈之有異聲就視琴頗損而有十三絃予方歎惜不已殊曰雖損尚可脩曰柰十三絃何殊不答誦詩云度數形名本偶然破琴今有十三絃此生若遇邢和璞方信秦箏是響泉予夢中了然識其所謂既覺而忘之明日

晝寢復夢殊來理前語再誦其詩方驚覺而殊適至
意其非夢也問之殊蓋不知是歲六月見子玉之子
子文京師求得其畫乃作詩幷書所夢其上子玉名
瑾善作詩及行草書復古名迪畫山水草木蓋妙絕
一時仲殊本書生棄家學佛通脫無所着皆奇士也
破琴雖未脩中有琴意足誰云十三絃音節如佩玉
新琴空高張絲聲不附木宛然七絃箏動與世好逐
陋矣房次律因循墮流俗懸知董庭蘭不識無絃曲

題王晉卿畫後

醜石半蹲山下虎長松倒卧水中龍試君眼力看多

三四二

少數到雲峰第幾重

聽武道士彈賀若

清風終日自開簾涼月今宵肯挂簷琴裏若能知賀若詩中定合愛陶潛

元祐六年六月自杭州召還汶公館我於東堂閱舊詩卷次諸公韻三首

半熟黃粱日未斜玉堂陰合手栽花却尋三十年前味未飯鍾聲已飯茶

夢覺還驚䆉䆉廊故人來炷影前香鬢鬚白盡成何事一帖空存老遂良法帖中有褚遂良書云即日遂良鬚髮盡白

尺一東來喚我歸衰年已迫故山期文章曹植今堪
笑卻卷波瀾入小詩

次韻子由書王晉卿畫山水一首而晉卿
和二首

誤點故教同子敬雜篇真欲擬湯休攏雲寄我山中
信雪月追君溪上舟會看飛僊虎頭篋卻來顛倒拾
遺裘子美詩云天吳與紫鳳顛倒在短褐王孫辦作玄真子細雨斜風
不濕鷗

此境眼前聊妄想幾人林下是真休我今心似一潭
月君已身如萬斛舟看畫題詩雙鶴鬢歸田送老一

三·四二

羊裘明年無與士龍去萬頃蒼波没兩鷗

感舊詩并引

嘉祐中予與子由同舉制策寓居懷遠驛時年二十六而子由二十三耳一日秋風起雨作中夜翛然始有感槩離合之意自爾宦游四方不相見者十常七八每夏秋之交風雨作木落草衰輒悽然有此感蓋三十年矣元豐中謫居黄岡而子由亦貶筠州嘗作詩以記其事元祐六年予自杭州召還寓居子由東府數月復出領汝陰時予年五十六矣乃作詩留别子由而去

床頭枕馳道雙闕夜未央車轂鳴枕中客夢安得長
新秋入梧葉風雨驚洞房獨行殘月影悵焉感初涼
筮仕記懷遠謫居念黃岡一往三十年此懷未始忘
扣門呼阿同（子由一字同叔）安寢已太康青山映華髮歸計
三月粮我欲自汝陰徑上潼江章想見冰槃中石蜜
與柿霜（予欲請東川而歸二物皆東川所出）憐子遇明主憂患已再
嘗報國何時畢我心久已降

西湖秋涸東池魚窘甚因會客呼網師遷
之西池為一笑之樂夜歸被酒不能寐戲
作放魚一首

東池浮萍半粘塊裂碧跳青出魚背西池秋水尚涵
空舞闊摇深吹荇帶吾儕有意為遷居老守縱饞那
忍膾縱横爭看銀刀出潑濺初驚玉花碎但愁數罟
損鱗鬣未信長堤隔濤瀨濊濊發發須臾間圉圉洋
洋尋丈外安知中無蛟龍種尚恐或有風雲會明年
春水漲西湖好去相忘渺淮海

復次放魚前韻荅趙承議陳教授

擾擾萬生同大塊搶榆不羨培風背青丘已吞雲夢
芥黄河復繚天門帶長譏韓子隘且陋一飽鯨魚何
足膾東坡也是可憐人披抉泥沙收細碎逝將歸儋

八節灘又欲往釣七里瀨正似此魚逃網中未與造物
遊數外且將新句調二子湖上秋高風月會為君更
喚木腸兒脚扣兩舷歌小海

九月十五日觀月聽琴西湖一首示坐客

白露下衆草碧空卷微雲孤光為誰來似為我與君
水天浮四坐河漢落酒樽使我氷雪腸不受麴蘖醺
尚恨琴有絃出魚亂湖紋哀彈本舊曲妙耳非昔聞
良時失俯仰此見寧 朝昏懸知一生中道眼無由渾

復次前韻謝趙景貺陳履常見和兼簡歐
対弼兄弟

能詩李長吉識字楊子雲端能望此府坐歗獲兩君
逝將江湖去浮我五石樽眷焉復少留尚為世所醺
或勸莫作詩兒輩工織紋朱絃寄三歎未害俗耳聞
共尋兩歐陽伐薪照黄昬是家有甘井汲多終不渾

送歐陽主簿赴官韋城四首

鳳雛驥子日相高白髮蒼顔笑我曹讀遍牙籤三萬
軸却來小邑試牛刀
出處年來恨不齊一樽臨水記分攜江湖咫尺吾將
老汝潁東流子却西
白馬津頭春水來白魚猶喜似江淮使君已復氷堂

酒更勸重新畫舫齋
道傍垂白定沾巾正似當年緑髮新故國依然喬木
在典刑復見老成人

泛潁一首

我性喜臨水得潁意甚奇到官十日來九日河之湄
吏民笑相語使君老而癡使君實不癡流水有令姿
遶郡十餘里不駛亦不遲上流直而清下流曲而漪
畫船俯明鏡笑問汝為誰忽然生鱗甲亂我須與眉
散為百東坡頃刻復在茲此豈水薄相與我相娛嬉
聲色與臭味顛倒眩小兒等是兒戲物水中少磷淄

趙陳兩歐陽同叅天人師觀妙各有得共賦泛頴詩

六觀堂老人草書詩一首

物生有象象乃滋夢幻無根成斯須方其夢時了非無泡影一失俯仰殊清露未晞電已徂此滅滅盡乃真吾云如死灰實不枯逢場作戲三昧俱化身為醫忘其軀草書非學聊自娛落筆已唤周越奴蒼鼠奮髯飲松腴剡藤玉板開雪膚遊龍天飛萬人呼莫作羞澁羊氏姝（六觀取金剛經夢幻等六物也老人惜了性精於醫而善草書下筆有遠韻而人莫知貴故作此詩）

次韻劉景文見寄一首

淮上東來雙鯉魚巧將詩信渡江湖細看落墨皆松
瘦想見掀髯正鶴孤烈士家風安用此書生習氣未
能無莫因老驥思千里醉後哀歌缺唾壺

次韻趙景貺督兩歐陽詩破陳酒戒一首

商也哀未散歲月忽已秋祥琴雖未調餘悲不敢留
矧此乃韻語未入金石流羲之生五之摠角出銀鉤
吾家有二許下筆兩不休君言不能詩此語人信不
千鍾斯爲堯百榼斯爲丘陋矣陶士衡當以太白浮
酒中那有失醉則不驚鷗明當罰二子已洗兩玉舟

剡弼云履常不飲故不作詩勸履常飲一

首

我本畏酒人臨觴未常訴平生坐詩窮得句忍不吐

吐酒茹好詩肝胃生滓汙用此較得喪天豈不足付

吾儕非二物歲月誰與度悄焉得長愁爲計已大誤

二歐非無詩恨子不飲故強爲釂一酌將非作愁具

成言如皎日援筆當自賦他年五君詠山王一時數

臂痛謁告作三絕句示四君子

公退清閑如致仕酒餘歡適似還鄉不妨更有安心

病臥看縈簾一炷香

心有何求遣病安年來古井不生瀾秪愁戲瓦閑童

子却作泠泠一水看

小閤低窓卧晏温了然非黙亦非言維摩示病吾真病誰識東坡不二門

到潁未幾公帑已竭齋厨索然戲作數句

我昔在東武吏方謹新書齋空不知春客至先愁予采杞聊自誑食菊不敢餘歲月今幾何齒髪日向疎幸此一郡老依然十年初夢飲本來空真飽竟亦虚尚有赤脚婢能烹赬尾魚心知皆夢耳愼勿歌歸歟

景貺履常屢有詩督叔弼季黙唱和已許諾矣復以此句挑之

君家文律冠西京，旋築詩壇按酒兵。袖手莫輕眞將種，致師須得老門生。明朝鄭伯降誰受，昨夜條侯壁已驚。從此醉翁天下樂，還應一舉百觴傾。文忠公贈蘇梅詩云：我亦願助勇，鼓旗譟其旁。快哉天下樂，一釂宜百觴。

贈月長老一首

天形倚一笠，地水轉兩輪。五霸之所連，毫端栖一塵。功名半幅紙，兒女浪苦辛。子有折足鐺，中容五合陳。十年此中過，却是英特人。延我地爐坐，語軟意甚眞。白灰如積雪，中有紅騏驎。勿觸紅騏驎，作灰維那瞋。拱手但默坐，牆壁方諄諄。今宵恨客多，汙子白氎巾。

後夜當獨來不煩主與賓蒲團坐紙帳自要觀我身

次韻荅錢穆父以軾得汝陰用杭越唱酬韻作詩見寄一首

大耿疲勞已離群小馮慈愛且當門（軾本以舍弟親嫌請郡）玉堂不著扶犁手霜鬢偏宜畫戟幡豪傑雖無兩王繼（子直深父）風流猶有二歐存（对弼季默）清詩已入新歌舞要使邦人識雅言

韓退之孟郊墓銘云以昌其詩舉此問王定國當昌其身耶昌其詩也來詩下語未契作此荅之

昌身如飽腹飽盡還當飢昌詩如膏面爲人作容姿
不如昌其氣鬱鬱老不衰雖云老不衰劫壞安所之
不如昌其志志一氣自隨養之塞天地孟軻不吾欺
人言魏勃勇股栗向小兒何如魯連子談笑却秦師
愼勿怨謗讒乃我得道資淤泥生蓮華糞壤出菌芝
賴此善知識使我枯生荑吾言豈須多冷暖子自知

送歐陽推官赴華州監酒

我觀文忠公四子皆超越仲也珠徑寸照夜光如月
好詩眞脫兎下筆先落鶻知音如周郎議論亦英發
文章乃餘事學道探玄窟死爲長白主名字書絳闕

熙寍之末仲純父見僕於京城之東曰吾夢道士持告身授吾曰上帝命汝為長白山主此何祥也明年仲純父沒傷心清潁尾已伴白鷗沒喜見三少年俱有千里骨千里不難到莫遣歷塊蹶臨分出苦語願子書之笏

十月十四日以病在告獨酌一首

翠柏不知秋空庭失搖落幽人得佳蔭露坐方獨酌月華稍澄穆霧氣尤清薄小兒亦何知相語翁正樂銅爐燒柏子石鼎煮山藥一盃賞月露萬象紛醻酢此生獨何幸風纜欣初泊逝逃顏蹠網行赴松喬約莫嫌風有待漫欲戲寥廓泠然心境空髣髴來笙鶴

獨酌試藥玉滑琖有懷諸君子明日望夜

月庭佳景不可失作詩招之一首

鎔鉛煑白石作玉真自欺琢削爲酒盃規摹定州瓷

荷心雖淺狹鏡面良渺瀰持此壽佳客到手不容辭

曹侯天下平定國豈其師一飲至數石温克頗似之

風流越王孫詩酒屢出奇喜我有此客玉盃不徒施

請君詰歐陳問疾來何遲呼兒掃月榭扶病及良時

歐季默以油煙墨二丸見餉各長寸許戲

作小詩

書囪拾輕煤佛帳掃餘馥辛勤破千夜收此一寸玉

癡人畏老死腐朽同草木欲將東山松涅盡南山竹
墨堅人苦脆未用歎不足且當注蟲魚莫草三千牘

明日復以大魚爲餽重二十斤且求詩故

復戲之

漢庭九尺人誰似老方朔那將一寸金令足三冬學
餉魚欲自洗鱗尾光卓犖我是騎鯨手聊堪充鹿角

和趙景晛栽檜

汝陰多老檜處處屯蒼雲地連丹砂井物化青牛君
時有再生枝（顈之靈壇觀亦有再生檜）還作左紐紋王孫有古意
書室延清芬應憐四孺子不墮凡木群體備松柏姿

氣含芝朮薰初扶鶴立骨未出龍纏筋巢根白蟻亂
網葉秋蟲紛乃知蔽芾初甚要封植勤他年皮三寸
狐鼠了不聞

葉待制求先墳永慕亭詩一首

靈瓯有異産化國無潛珎承平百年間簪纓半齊民
建溪富奇偉葉氏初隱淪森然見喬木其下維德人
佳哉鬱葱葱氣若鳳與麟聯翩出儒將豈惟十朱輪
新松無康觸舊柏有烏馴待公歸上冢淚葉乃肯春

與趙陳同過歐陽対弼新治小齋戲作一首

江湖渺故國風雨傾舊廬東來三十年愧此一束書

尺椽亦何有而我常客居羡君開此室容膝真有餘
拊床琴動摇弄筆窓明虛後夜龍作雨天明雪填渠
時方禱雨龍祠作此句時星斗燦然四更風雨大至明日乃雪
夢回聞剥啄誰乎趙
陳予添丁走沽酒通德起挽蔬圭孟當啗我玉鱗金
尾魚一醉忘其家此身自蘧蒢

聚星堂雪一首 幷敘

元祐六年十一月一日禱雨張龍公得小雪與客會
飲聚星堂忽憶歐陽文忠公作守時雪中約客賦詩
禁體物語於艱難中特出奇麗爾來四十餘年莫有
繼者僕以老門生繼公後雖不足追配先生而賓客

之美殆不減當時公之二子又適在郡故輙舉前令

各賦一篇

窓前暗響鳴枯葉龍公試手行初雪映空先集疑有

無作態斜飛正愁絶衆賓起舞風竹亂老守先醉霜

松折恨無翠袖點横斜衹有微燈照明滅歸來尚喜

更鼓暗晨起不待鈴索掣未嫌長夜作衣稜却怕初

陽生眼纈欲浮大白追餘賞幸有回飈驚落屑模糊

檜頂獨多時歷亂瓦溝裁一瞥汝南先賢有故事醉

翁詩話誰續説當時號令君聽取百戰不許持寸鐵

歐陽対猘見訪誦陶淵明事歎其絶識対

弼既去感槩不已而賦此詩

淵明求縣令本緣食不足束帶向督郵小屈未為辱翻然賦歸去豈不念窮獨重以五斗米折腰營口腹云何元相國萬鍾不滿欲胡椒銖兩多安用八百斛以此殺其身何翅抵鵲玉往者不可悔吾其反自燭

喜劉景文至一首

天明小兒更平傳呼髯劉已到城南隅尺書真是髯手迹起坐熨眼知有無今人不作古人事今世有此古丈夫我聞其來喜欲舞病自能起不用扶江淮旱久塵土惡朝來清雨濯鬢鬚相看握手了無事千里

一笑無乃迂平生所樂在吴會老死欲葬杭與蘇過江西來二百日冷落山水愁吴姝新堤舊井各無恙參寥六一豈念吾别後新詩巧摹寫袖中知有錢塘湖

禱雨龍公既應劉景文有詩次韻

張公晚爲龍抑自龍中來伊昔風雲會咄嗟潭洞開精誠苟可貫賓主真相陪洞簫振羽舞白酒浮雲罍言從闢洲妃遠去焦氏臺倒傾瓶中雨一洗麥上埃破旱不論功乘雲却空回嗟龍與我輩用意豈遠哉使君令子義英風冠東萊笑説龍爲友幽明莫相猜

劉景文家藏樂天身心問荅三首戲書一絶其後

淵明形神自我樂天身心相物而今月下三人他日當成幾佛

西湖戲作一絶

一士千金未易償我從陳趙兩歐陽舉鞭拍手笑山簡秪有并兒一葛強

送歐陽季默赴闕一首

先生豈止一懐祖郎君不減王文度膝上幾日令白鬢令我眼中見此父汝南相從三晦朔君去苦早我

來莫霜風凄緊正脫木潁水清淺可立鷺莫辭白酒瀉香泉已覺扁舟掠新渡坐看士衡執別手更遣夢得出奇句郎君可是筦庫人乃使驥騄隨蹇步置之行矣無足道賢愚豈在遇不遇

用前韻作雪詩留景文一首

萬松嶺上黄千葉載酒年年踏松雪劉郎去後誰復來花下有人心斷絶東齋夜坐搜雪句兩手龜拆霜須折無情豈亦畏嘲弄穿簾入戶吹燈滅紛紛兒女爭所似碧海長鯨君未掣朝來雲漢接天流顧我小詩如點纈歐陽趙陳在戶外急掃中庭鋪木屑交遊

雖似雪柏堅聚散行作風花瞥晴光融作一尺泥歸

有何事眞無說泥乾路穩放君去莫倚馬蹄如踏鐵

和劉景文見贈一首

元龍本志陋曹吳豪氣崢嶸老不除失路今為噲等

伍作詩猶似建安初西來為我風黧面獨卧無人雪

縞廬留子非為十日飲要令安世誦亡書

和劉景文雪

占雨又得雪龜䆫欺我哉似知吾輩喜故及醉中來

童子愁氷硯佳人苦膠盃那堪李常侍入蔡夜銜枚

次前韻送劉景文一首

白雲在天不可呼明月豈肯留庭隅怪君西行八百里清坐十日一事無路人不識呼尚書但見凜凜雄千夫君一馬兩僕率然相訪逆旅多呼尚書意謂君都頭也豈知入骨愛詩酒醉倒正欲蛾眉扶一篇向人寫肝肺四海知我霜鬢鬚君前有詩見寄云四海共知霜鬢滿重陽曾插菊花無歐陽趙陳皆我有豈謂夫子駕復迂爾來又見三點柳共此暖熱飡饘蘇酒肴酸薄紅粉暗秪有潁水清而姝一朝寂寞風雨散對影誰念月與吾郡中日與歐陽叔弼趙景貺陳履常相從而景文復至不數日柳戒之亦見過賓客之盛頃所未有然不數日叔弼景文戒之皆去矣何時歸帆泝江水春酒一變甘棠湖景文近卜居九江近甘棠湖

以屏山贈歐陽炳弼一首

漫郎天骨清生與世俗異學道新有得為貧聊復仕
毎於紅塵中常起青霞志屏山輟贈子莫遣汙簪珥
寓目紫翠間安眠本非睡夢中化為鶴飛入長松寺

新渡寺席上次趙景晛陳履常韻送歐陽
炳弼比來諸君唱和炳弼但袖手旁睨而
已臨别忽出一篇頗有淵明風製坐皆驚
歎

神屠不目全妙頗惟粧半更刀乃挨庖倚市必醜悍
平生魏公籌忽斲郢人墁詩書亦何用造道須此館

多言雖數窮微中或排難子詩如清風翏翏發將旦
胡爲久閉匿綺語眞自患許時笑我癡隔屋相咏歎
竟識彦道否絶叫呼百萬清朝固多士入門子皆冠
莫言清潁水從此隔河漢異時我獨來得魚楊柳貫
持歸不忍食尺素解悽斷中有清圓句銅丸飛柘彈
春愁結淩澌正待一笑泮百篇儻寄我呻吟鄭人緩

東坡後集卷第一

東坡後集卷第二

詩五十六首

次韻趙景貺春思且懷吴越山水一首

歲華來無窮老眼久已靜春風如繫馬未動意先騁西湖忽破碎鳥落魚動鏡縈城理枯瀆放閘起膠艇願君營此樂官事何時竟清河西湖三閘皆君成之思吴信偶然出處付前定飄然不繫舟乘此無盡興醉翁行樂處草木皆可敬明朝游北渚急掃黄葉徑白酒真到齊紅裙已放鄭酒尚有香泉一壺為樂全先生服不作樂也

次韻陳履常張公龍潭一首

經明宣城宰家此百尺瀾鄭翁不量力敢以非意干
玄黃雜兩戰絳青表雙蟠（事見龍公碑）烈氣斃強敵仁心
惻飢寒精誠禱必赴苟簡求亦難蕭條麥麰枯浩蕩
日月寬念子無吏責十日勤征鞍春蔬得雨雪少助
先生槃龍不憚徃來而我獨宴安閉閤默自責神交
清夜闌

竹閣亭小酌懷歐陽叔弼季默呈趙景貺

陳履常一首

歲莫自急景我閑方緩觴醉餘西湖晚步轉北渚長
地坐略少長意行無淵罔久知薺麥青稍喜榆柳黃

盎盎春欲動瀲瀲夜未央水天鷗鷺靜月霧松檜香撫景方婉娩懷人重淒涼豈無一老兵坐念兩歐陽我意正麋鹿君才亦圭璋此會恐難久此歡不可忘

蠟梅一首贈趙景貺

天工點酥作梅花此有蠟梅禪老家蜜蜂採花作黄蠟取蠟為花亦其物天工變化誰得知我亦兒嬉作小詩君不見萬松嶺上黄千葉玉蘂檀心兩奇絶醉中不覺度千山夜聞梅香失醉眠歸來却夢尋花去夢裏花仙覔奇句此間風物屬詩人我老不飲當付君君行適吴我適越笑指西湖作衣鉢

送王竦朝散赴闕

我家衡山公清而畏人知臧否不出口默識如著龜擢子拱把中云有驥騄姿胡爲三十載尚作窮苦詞丈人不妄語未効此可疑竭來清潁上淚濕中郎詩怪我一年長而作十年衰同時幾人在豈敢怨白髭頗言指松柏永與霜雪期伯父爲衡州日與君相知有送行詩

次韻致政張朝奉仍招晚飲

掃白非黃精輕身豈胡麻怪君仁而壽未覺生有涯曾經丹化米親授棗如瓜雲烝作霧楷火滅噀雨巴自此養鉛鼎無窮走河車至今許玉斧猶事萼緑華

君曾見水州何仙姑得藥餌之人疑其以此壽也故有丹化米蕚緑華之句皆女仙事 我本三生人疇昔一念差前生或草聖習氣餘驚蛇儒臞謝赤松佛縛慙丹霞時時一篇出擾擾四座譁清詩得可驚信美詞多夸回車入官府治具隨貧家萍虀與豆粥亦可成咄嗟

閻立本職貢圖

正觀之德來萬邦浩如滄海吞河江音容傖獰服奇尨橫絶嶺海逾濤瀧珎禽瑰產爭牽扛名王解辮却蓋幢粉本遺墨開明窓我喟而作心未降魏徵封倫恨不雙

次韻王滁州見寄

斯人何似似春雨歌舞農夫怨行路君看永叔與元之坎軻一生遭口語兩翁當年鬢未絲玉堂揮翰手如飛教得滁人解吟詠至今里巷嘲輕肥君家聯翩盡卿相獨來坐𪅳谿山上笑捐浮利一雞肋多取清名幾熊掌丈夫自重貴難售兩翁今與青山久後來太守更風流要伴前人作詩瘦我勸承明苦求出到處遺蹤尋六一憑君試與問琅耶許我來游莫難色

趙景貺以詩求東齋榜銘昨日聞都下寄酒來戲和其韻求分一壺作潤筆也

王孫天騏驎眸子奥而澈囊空學愈富屋陋人更傑
我老書益放筆落座爭掣欲求東齋銘要飲西湖雪
長缾分未到小硯乾欲裂不似淳于髡一石要燭滅

洞庭春色一首 并引

安定郡王以黄柑釀酒謂之洞庭春色色香味三絶
以餉其猶子德麟德麟以飲予為作此詩醉後信筆
頗有沓拖風氣

二年洞庭秋香霧長噀手今年洞庭春玉色疑非酒
賢王文字飲醉筆蛟蛇走既醉念君醒遠餉為我壽
缾開香浮座琖凸光照牖方傾安仁醽醁潘岳笙賦云披黄苞以授

柑傾綠瓷以酌醽莫遣公遠艭明皇食柑凡千餘枚皆闕一辨問進柑使者云中塗嘗有道士艭之蓋羅公遠也要當立名字未用問升斗應呼釣詩鈎亦號掃愁帚君知蒲萄惡正是嫫姆黝須君灩海盃澆我談天口

送路都曹一首 并引

乖崖公在蜀有録曹叅軍老病廢事公責之曰胡不歸明日叅軍求去且以詩留別其略曰秋光都似宦情薄山色不如歸意濃公驚謝之曰吾過矣同僚有詩人而吾不知因留而慰薦之予幼時聞父老言恨不問其姓名今都曹路君以小疾求致仕予誦此語

留之不可乃採前人意作詩送之并送趙德麟陳履
常各賦一篇
積雪困桃李春心誰為容淮光釀山色先作歸意濃
我亦倦游者　君恩繫踈慵欲留耿介士伴我衰遲
蹤吏課升斗積崎嶇等鉛舂那將露電身坐待收千
鍾結髮空百戰市人看先封誰能搔白首抱關望夕
烽子意亮已成我言寧復從恨無乖崖老一洗芥蔕
胸我田荆谿上伏臘亦粗供懷哉江南路會作林下
逢

次韻陳履常雪中一首

可憐擾擾雪中人飢飽終同寓一壓老檜作花真強項凍鳶儲肉巧謀身忍寒吟咏君堪笑得煖讙呼我未貧坐聽屐聲知有路擁裘來看玉梅春

二鮮于君以詩文見寄作詩爲謝

我懷元祐初珪璋滿清班維時南隆老奉使獨未還迂叟向我言青齊歲方艱斯人乃德星遣出虛危間司馬温公謂軾曰子駿福星也京東人困甚且令往彼名用既晚矣天命良復慳一朝失老驥寂寞空帝閑至今清夜夢枕衾有餘潸喜聞二三子結髮師閔顔高論巳河漢清詩鳴珮環遥知三日雪積玉埋崧山誰念此幽桂坐蒙榛與

菅故人在頴尾投詩清泠灣

次韻趙德麟雪中惜梅且餉柑酒三首

千花未分出梅餘遺雪摧殘計已踈卧聞點滴如秋雨知是東風爲掃除

閬苑千葩映玉宸人間秪有此花新飛雲要欲先桃李散作千林火迫春

蹀躞嬌黄不受䌫東風暗與色香歸偶逢白墮爭春手遣入王孫玉斝飛

和陳傳道雪中觀燈

新年樂事歎何曽閉閣燒香一病僧未忍便傾澆別

酒且來同看照愁燈顯魚躍處新亭近湖雪消時畫舫廾秖恐樽前無此客清詩還有士龍能

閱世亭詩贈任仲微

任公鎮西南嘗贈繞朝策當時若盡用善陣無赫赫淒涼十年後邪正久已白却留封德彝天意眇難測象賢眞驥種渧訴甘百謫豈云報私仇禍福指絡脉高才食舊德但恐里門窄傷心千騎歸贈印黃壤隔惟有亭前檜閱世不改色千年與幷在記此王粲宅

新渡寺送任仲微

春隂欲落雪野氣方廾雲我游淸潁尾想見翠被君

古來聚散地與子復言分倦游安税駕瘦田失歸耘
獨宿古寺中荒雞亂鳴群送子以曉角幽幽醒時聞

送運判朱朝奉入蜀

藹藹青城雲娟娟峨眉月隨我西北來照我光不滅
我在塵土中白雲呼我歸我游江湖上明月濕我衣
岷峨天一方雲月在我側謂是山中人相望了不隔
夢尋西南路默數長短亭似聞嘉陵江跳波吹枕屏
送君無一物清江飲君馬路穿慈竹林父老拜馬下
不用驚走藏使者我友生聽訟如家人細説爲汝評
若逢山中友問我歸何日爲話腰脚輕猶堪踏泉石

病中夜讀朱愽士詩

病眼亂燈火細書數塵沙君詩如秋露淨我空中花
古語多妙寄可識不可誇巧笑在頩頰哀音餘摻撾
曾坑一掬春紫餅供千家懸知貴公子醉眼無眞茶
崎嶇爛石上得此一寸芽緘封勿浪出湯老客未嘉

趙德麟餞飲湖上舟中對月一首

老守惜春意主人留客情官餘閑日月湖上好清明
新火發茶乳溫風散粥餳酒闌紅杏闇日落大堤平
清夜除燈坐孤舟擘岸撐逮君幘未墮對此月猶横

贈朱遜之 并引

元祐六年九月與朱遜之會議于頴或言洛人善接花歲出新枝而菊品尤多遜之曰菊當以黃爲正餘可鄙也昔叔向聞鬷蔑一言知其爲人予於遜之亦云

黃花候秋節遠自夏小正坤裳有正色鞠衣亦令名一從人僞勝遂與天力爭易性寓非族改顔隨所令新奇既易售粹駁宜相傾疾惡逢伯厚識眞似淵明君言我所印世論誰改評顧君爲霜風一掃紫與赬

和趙德麟送陳傳道

二陳既妙士兩歐惟德人王孫乃龍種世有爾雲鱗

五君從我游傾寫出怪珍俗物敗人意茲游實清醇
郵知有聚散佳夢失欠伸我舟下清淮沙水吹玉塵
君行踏曉月踈木挂寸銀尚寄別後詩翦刻淮南春

上巳日與二子迨過游塗山荆山記所見

一首

此生終安歸還軫天下半竭來乗檋廟復作徼禹歎昔自南河赴杭州過此蓋二十二年矣從祠及彼呱有啓廟像設偶此粲謂塗山氏秦祖當侑坐謂伯翳夏郊亦薦禖有鯀廟可憐淮海人尚記弧矢且淮南人相傳禹以六月六日生是日數萬人會山上雖傳記不載然相傳如此荆山碧相照楚水清可亂刖人有餘坑美石肖温

瓚（荆山下有卞氏採玉坑石色如玉不受鑱刻取出山下輒變色不復温瑩）龜泉木杪出牛乳石池漫（龜泉在荆山下色白而甘眞陸羽所謂石池漫流者有石記云唐正元中隨白龜流出）小兒強好古侍史笑流汗歸時蝙蝠飛炬火記遠岸

淮上早發

潛月傾雲曉角哀小風吹水碧鱗開此生定向江湖老默數淮中十往來

次韻徐仲車一首（仲車耳聾）

惡衣惡食詩愈好恰似霜松囀春鳥蒼蠅莫亂遠雞聲世上誰如公覺早八年看我走三州（元豐八年予赴登州元祐

四年赴杭州今赴揚州皆見仲車月自當空水自流人間擾擾眞螻
蟻應笑人呼作鬬牛

次韻林子中春日新堤書事見寄

東都寄食似孤雲幞被眞成一宿賓收得玉堂揮翰
手却爲淮月弄舟人羨君湖上齋搖碧笑我花時甑
有塵爲報年來殺風景連江夢雨不知春來詩有芍藥春之句
揚州近歲率爲此會用花十餘萬枝吏緣爲姦民極病之故罷此會

送陳伯脩察院赴闕

裕陵固天縱筆有雲漢姿嘗重連山象不數秋風辭
龍騰與虎變貍豹復何施我窮眞有數文字乃見知

聞君射策日妙語發疇咨一日喧萬口驚倒同舍兒
豈知二十年道路猶遲遲苦言如藥石瞑眩終見思
屈信反覆手獨於君可疑四門方穆穆行矣及此時

送張嘉父長官

都城昔傾蓋駿馬初服轅再見江湖間秋鷹已韝
于今三會合每進不少留豫章既可識瑚璉誰當收
微官有民社妙割無雞牛歸來我益敬罷慱用自周
百年子初筵我已迫旅酬但當記苦語高節貫白頭

軾在潁州與趙德麟同治西湖未成改揚
州三月十六日湖成德麟有詩見懷次韻

一首

太山秋毫兩無窮鉅細本出相形中大千起滅一塵裏未覺杭穎誰雌雄（來詩云與杭爭雄）我在錢塘拓湖淥大堤士女爭昌丰六橋橫絕天漢上北山始與南屏通忽驚二十五萬丈老葑席卷蒼雲空揭來穎尾弄秋色一水縈帶昭靈宮坐思吳越不可到借君月斧脩曈曨二十四橋亦何有攙此十頃玻瓈風雷塘水乾禾黍滿寶釵耕出餘鸞龍明年詩客來弔古伴我霜夜號秋蟲（德麟見約來揚寄居亦有意求揚倅）

次韻趙德麟西湖新成見懷絕句一首

壺中春色（謂洞庭春色也）飲中仙騎鶴東來獨悯然猶有趙
陳同李郭不妨同泛過湖船

再次韻趙德麟新開西湖一首

使君不用山麴窮飢民自逃泥水中欲將百瀆起凶
歲免使甑石愁楊雄西湖雖小亦西子縈流作態清
而丰千夫餘力起三閘焦陂下與長淮通十年憔悴
塵土窟清瀾一洗啼痕空王孫本自有仙骨平生宿
衛明光宮一行作吏人不識正似雲月初朦朧時臨
此水照氷雪莫遣白髮生秋風定須却致兩黃鵠新
與上帝開濯龍湖成君歸侍帝側燈花已綴釵頭蟲

予以頴人苦饑奏乞留黄河夫萬人修境内溝洫詔許之因以餘力浚治此湖

到官病勸未嘗會客毛正仲惠茶乃以端午小集石塔戲作一詩為謝

我生亦何須一飽萬想滅胡為設方丈養此膚寸舌
爾來又衰病過午食輙噎繆為淮海帥每愧廚傳缺
爨無欲清人奉使免内熱空煩赤泥印遠致紫玉玦
為君伐羔豚歌舞菰黍節禪窓麗午景蜀井出冰雪
坐客皆可人鼎鼐手自挈金釵候湯眼魚蟹亦應訣
遂令色香味一日備三絶報君不虚授知我非輕啜

雙石一首 并引

至揚州獲二石其一綠色岡巒迤邐有穴達于背其一玉白可鑒漬以盆水置几案間忽憶在潁州日夢人請住一官府榜曰仇池覺而誦杜子美詩曰萬古仇池穴潛通小有天乃戲作小詩為僚友一笑

夢時良是覺時非汲水埋盆故自癡但見玉峰橫太白便從鳥道絶峨眉秋風與作煙雲意曉日令涵草木安一點空明是何處老人眞欲住仇池

次韻和晁無咎學士相迎一首

少年獨識晁新城閉門却掃卷旆旌胸中自有談天口坐却秦軍發壘守有子不為謀置錐虹霓吞吐忘

寒飢端如太史牛馬走嚴徐不敢連尻脽裹回未用
疑相待枉尺知君有家戒避人聊復去瀛洲伴我真
能老淮海夢中仇池千仞巘便欲攬我青霞幨且須
還家與婦計我本歸路連西南老人飲酒無人佐獨
看紅藥傾白墮每到平山憶醉翁懸知他日君思我
路旁小兒笑相逢齊歌萬事轉頭空賴有風流賢別
駕猶堪十里卷春風

次韻范淳父送秦少章一首

宿緣在江海世網如予何西來庚公塵已涅長淮波
十年淮海人初見一麥禾但欣爭訟少未覺舟車多

秦郎忽過我賦詩如卷阿句法本黃子（謂魯直也）二豪與揩磨（其兄少游與張文潛）嗟我久離群逝將老西河後生多名士欲薦空悲歌小范眞可人獨肯勤收羅瘦馬識騄耳枯桐得雲和近聞館李生（李薦方叔）病鶴借一柯贈行苦説我妙語慰蹉跎西羌已解仇烽火連朝那坐籌付公等吾將寄潛沱

靈隱前一首贈唐林夫

靈隱前天竺後兩澗春淙一靈鷲不知水從何處來跳波赴壑如奔雷無情有意兩莫測肎向泠泉亭下相縈回我在錢塘六百日山中暫來不暖席今君欲

作靈隱居葛衣草屨隨僧蔬能與冷泉作主一百日

不用二十四考書中書

滕達道挽詞二首

先帝知公早虛懷第一人至今詩禮將惟數武宣臣

材大雖難用時來亦少信高平風烈在威敏典刑新

公少受知於范希文孫元規 空試乘邊策盜留相漢身淒涼舊部

曲涙濕塚前麟

雲夢連江雨樊山落木秋公方占賈鵩我正買龔牛

共有江湖樂俱懷畎畝憂荆溪欲歸老浮玉偶同游

骯髒儀刑在驚呼歲月遒回頭離歌哭挽語不成謳

次韻蘇伯固遊蜀岡送李孝博奉使嶺表

新苗未沒鶴老葉方翳蟬緑渠浸麻水白板燒松煙笑窺有紅頰醉卧皆華顛家家機杼鳴樹樹梨棗懸野無佩犢子府有騎鶴仙觀風嶠南使出相山東賢渡江弔很石過嶺酌貪泉與君步徙倚望彼修連娟願及南枝謝早隨北鴈翩歸來春酒熟共看山櫻然

送晁美叔一首

我年二十無朋儔當時四海一子由君來扣門如有求頎然病鶴清而脩醉翁遺我從子游翁如退之蹈軻丘尚欲放子出一頭嘉祐初軾與子由寓興國浴室美叔忽見訪云吾從歐陽

公游久矣公令我來與子定交謂子必名世老夫亦須放他出一頭地酒醒夢斷四十

秋病鶴不病骨愈蚪惟有我顔老可羞醉翁賓客散

九州幾人白髮還相收我如懷祖拙自謀正作尚書

已過優君求會稽實良籌往看萬壑爭交流君近乞越州

王文玉挽詞

才名誰似廣文寒月斧雲斤琢肺肝玄晏一生都卧

病子雲三世不遷官幽蘭空覺香風在宿草何曾淚

葉乾猶喜諸郎有曹志文章還復富波瀾

送芝上人游廬山

二年閱三州我老不自惜團團如磨牛步步踏陳迹

豈知世外人長與魚鳥逸老芝如雲月烱烱時一出
比年三見之常若有所遭逝將走廬阜計闊道愈密
吾生如寄耳出處誰能必江南千萬峰何處訪子室

送程德林赴眞州

君為縣令元豐中吏貪功利以病農君欲言之路無
從移書諫臣以自通（諫臣蹇受之也）元豐天子為改容我時
疋馬江西東問之逆旅言頗同老人愛君如劉寵小
兒敬君如魯恭爾來明目達四聰收拾駔駿冀北空
君為赤令有古風政聲直入明光宮天廐如海養群
龍并收其子豈不公（君之子祁舉制策文學行義為時所稱）白沙何必

煩此翁

谷林堂詩一首

深谷下窈窕高林合扶疎美哉新堂成及此秋風初
我來適過雨物至如娛予穉竹眞可人霜節已專車
老槐苦無賴風花欲塡渠山鴉爭呼號豁蟬獨清虛
寄懷勞生外得句幽夢餘古今正自同歲月何必書

予少年頗知種松手植數萬株皆中梁柱
矣都梁山中見杜輿秀才求學其法戲贈

二首

露宿泥行草棘中十年春雨養髯龍如今尺五城南

杜欲問東坡學種松

君方掃雪收松子我已開榛得伏苓為問何如插楊柳明年飛絮作浮萍

行宿泗間見徐州張天驥次舊韻

二年二躡過淮舟款段還逢馬少游無事不妨長好飲著書自要且窮愁孤松早偃元非病倦鳥雖還豈是休更欲河邊幾來往秖今霜雪已蒙頭

次韻劉景文贈傳羲秀才

窈眇文章宜和寡崢嶸肝肺亦交難未能飛瓦彈清角肯便投泥戲潑寒忽見秋風吹洛水遙知霜葉滿

長安詩成送與劉夫子莫遺孫郎帳下看

在彭城日與定國為九日黃樓之會今復

以是日相遇于宋凡十五年憂樂出處有

不可勝言者而定國學道有得百念灰冷

而顏益壯顧予衰病心形俱瘁感之作詩

菊璣萸囊自古傳長房寧復是臞仙應從宋武橫刀

日數到劉公戲馬年對王山人雖老矣見恒河性故

依然王郎九日詩十首今賦黃樓第二篇

九日次定國韻一首

朝菌無晦朔蟪蛄疑春秋南柯已一世我眠未轉頭

仙人視吾曹何異蜂蟻稠不知蠻觸氏自有兩國憂
我觀去來今未始一念留奔馳竟何得而起無窮羞
王郎誤涉世屢獻久不讎黃金散行樂清詩出窮愁
俛仰四十年始知此生浮軒裳陳道路往往兒童收
封侯起大第或是君家騶似聞負販人中有第一流
炯然徑寸珠藏此百結裘意行無車馬倏忽略九州
邂逅獨見之天與非人謀笑我方醉夢衣冠戲沐猴
力盡病騏驥伎窮老伶優北山有雲根寸田自可耰
會當無何鄉同作逍遙遊歸來城郭是空有纍纍丘

召還至都門先寄子由一首

老身倦馬河堤永踏盡黃榆綠槐影荒雞號月未三更客夢還家得俄頃歸老江湖無歲月未填溝壑猶朝請黃門殿中奏事罷詔許來迎先出省已飛青蓋在河梁定餉黃封無賜茗遠來無物可相贈一味豐年說淮潁

次韻定國見寄

還朝如夢中雙闕眩金碧復穿鵷鷺行強寄麋鹿迹勞生苦晝短展轉不能夕默坐數更鼓流水夜自逆故人為我謀此志何由畢越吟知聽否誰念病莊舃時方請越

次韻蔣頴対錢穆父從
駕景靈宮二首

歸來病鶴記城闉舊踏松枝雨露新半白不羞垂領髮軟紅猶戀屬車塵雨收九陌豐登後日麗三元下降辰粗識君王為民意不才何以助精禋（前輩戲語有西湖風月不如東華軟紅香土）

與君並直記初元白首還同入禁門玉殿齊班容小語霜廷稽首泫微温（適與穆父並拜廷中地皆流濕相與小語道之）病貧賜茗浮銅葉老怯香泉灩寶樽回首鵷行有人傑坐知羗虜是游魂

東坡後集卷第二

東坡後集卷第三

詩六十六首

軾近以月石硯屏獻子功中書公復以涵星硯獻純父侍講子功有詩純父未也復以月石風林屏贈之謹和子功詩并求純父數句

紫潭出玄雲翳我潭中星獨有潭上月倒挂紫翠屏我老不看書黙坐養此昏花睛時時一開眼見此雲月眼自明久知世界一泡影大小眞僞何足評笑彼三子歐蘇梅無事自作雪羽爭（事見三人詩集）故將屏硯送

兩范要使珠壁栖囪橊大范忽長謡語出月脇令人驚（皇甫湜云穿天心出月脅意外驚人語非尋常）小范當繼之説破星心如雞鳴（孟郊聞雞詩云似聞孤月口能説落星心）牀頭復一月下有風林横急送小范家護此涵星泓願從少陵傳一句山木盡與洪濤傾

次韻范純父涵星硯月石風林屏詩一首

月次于房歷三星斗牛不神箕獨靈簸揺桑榆盡西靡影落蘇子硯與屏天工與我兩厭事孰居無事爲此形與君持槖侍帷幄同到温室觀堯蓂自憐太史牛馬走技等卜祝均倡伶欲留衣冠挂神武便擊雲

水歸南溟陶泓不稱管城沐醉石可助平泉醒故持
二物與夫子欲使妙質留天庭但令滋液到枯槁勿
遣光景生晦冥上書挂名豈待我獨立自可當雷霆
我時醉眠風林下夜與漁火同青熒撫物懷人應獨
歎作詩寄子誰當聽

次韻錢穆父會飲一首

彈冠恨不早挂冠常苦遲盛服每假寐角𨶹時伏思
東門末祖道西山空挂頤逝將江海去安此麋鹿姿
要當謀三徑何暇擇一枝與君幾合散得酒忘淳漓
君談似落屑我飲如弈棊世有作詩如弈棋弈棋如飲酒飲酒乃天戒之語僕此二

事皆不能居官不任事造物真見私主人獨賢勞金穀方

流馳行人亦結束杕杜乃歸期公卿雖少安河流正

東釃我得會稽去方回良不癡

次韻穆父尚書侍祠郊丘瞻望

天光退而相慶引滿醉吟一首

千章杞梓蔭雲天樗散誰收老鄭虔喜氣到君浮白

裏豐年及我挂冠前令嚴鍾鼓三更月野宿貔貅萬

竈煙太息何人知帝力歸來金帛看頳肩

郊祀慶成詩一首

帝出乘昌運天心予太平文章三代繼制作七年成

大祀乾坤合剛辰日月明泰壇朝掃地魄寶夜垂精
仰御圓蒼蓋環觀海嶽城北流呑朔易西極落攙搶
升燎靈光荅回鑾瑞霧迎需雲徧枯槁解雨達勾萌
可頌非天德因箴亦下情民言知有酌帝謂本無聲
富國由崇儉蘄年在好生無心斯格物克己自消兵
化國安新政孤臣反舊耕還將清廟什留與野人賡

次韻奉和錢穆父蔣頴対王仲至詩四首

見和西湖月下聽琴

謖謖松下風藹藹壠上雲聊將竊比我不堪持寄君
半生寓軒冕一笑當琴尊良辰飲文字晤語無由醺

我有鳳鳴枝背作蛇蚹紋月明委靜照心清得奇聞當呼玉澗手一洗羯鼓昏請歌南風曲猶作虞書渾家有雷琴甚奇古玉澗道人崔閑妙於雅聲當呼使彈

見和仇池

上窮非想亦非非下與風輪共一凝翠羽若知牛有角空銒何必井之眉還朝暫接鵷鸞翼謝病行收麋鹿姿記取和詩三益友他年弭節過仇池

玉津園

承平苑囿雜耕桑六聖勤民計慮長碧水東流還舊派玉津分蘗河上流復合于下紫壇南峙表連岡不逢遲日鸎花

亂空想踈林雪月光千畝何時躬帝耤斜陽寂歷鎖
雲莊

藉田

竊脂方紀瑞布穀未催耕魚沫依蘋渚蝸涎上緣楹
江湖來夢寐蓑笠負平生琴裏思歸曲因君一再行

項年楊康功使高麗還奏乞立海神廟板
橋僕嫌其地湫隘移書使遷之文登因古
廟而新之楊竟不從不知定國何從見此
書作詩稱道不已僕不復記其云何也次
韻荅之

退之仙人也遊戲於斯文談笑出偉奇鼓舞南海神
頃年三韓使幾為鮫鰐吞歸來築祠宇要使百賈奔
板橋商賈所聚我欲遷其廟下數浮空群謂登州海市移書竟不
從信非磊落人公胡為拳拳繫此空中雲作詩頌其
美何異刻劒痕我令已括囊象在六四坤

沐浴啓聖僧舍與趙德麟邂逅一首

南山北澗兩非真東頴西湖迹已陳季子來歸初可
喜老聃新沐定非人酒清不醉休休暖睡穩如禪息
息勻自笑塵勞餘一念明年同泛越谿春

次韻王仲至喜雪御筵一首

三軍喜氣鑠飛花睡起空驚月在沙未集騂騮金騕褭故殘鵁鶄玉橫斜偶還仗內身如寄尚憶江南酒可賒宣勸不多心自醉強扶衰白拜君嘉

僕所藏仇池石希代之寶也王晉卿以小詩借觀意在於奪僕不敢不借然以此詩先之

海石來珠宮秀色如蛾綠坡陀尺寸間宛轉陵巒足連娟二華頂空洞三茅腹初疑仇池化又恐瀛洲蹙殷勲嶠南使餽餉淮東牧（僕在揚州程德孺自嶺南解官以此石見遺）得之喜無寐與汝交不瀆盛以高麗盆藉以文登王（僕以）

（高麗所▇大銅盆貯之又以登州海石如碎玉者附其足）幽光先五夜冷氣壓三伏老人生如寄衡茅久未卜一夫幸可致千里還相逐風流貴公子竄謫武當谷見山應已厭何事奪所欲欲留嗟趙弱宝許負秦曲傳觀慎勿許間道歸更速

次天字韻荅岑巖起

一聲清蹕霧開天百辟心莊豈貌虔回顧驚君珠玉側同升愧我秕糠前裴回月色留壇影縹眇松香泛蠟煙（近制以林燭松明易林盆）莫歎郎潛生白髮　聖朝求舊鄙鳶肩

石塔寺一首 并引

世傳王播飯後鍾詩蓋揚州石塔寺事也相傳如此戲作此詩

飢眼眩東西詩腸忘蚤晏雖知燈是火不悟鍾非飯山僧異漂母但可供一莞胡為三百年記憶作此訕齋厨養若人無益秪遺患乃知飯後鐘闍黎蓋具眼

次韻蔣穎叔二首

扈從景靈宮

道人幽夢曉初還已覺笙簫下月壇風伯前驅清宿霧祝融驂乘破朝寒英姿連璧從多士妙句鏘金和

八鑾已向詞臣得頗牧時潁川集除熙河帥路人莫作老儒看

凝祥池

似知金馬客時夢碧雞坊氷雪消殘臘煙波寫故鄉

鳴鑾自容與立馬久回翔乞與三韓使新圖到樂浪時高麗使在都下每至勝境輒圖畫以歸

和蚪盎畫馬次韻

天驥德力備馬外龍麟中皇天不遺言兀與圖畫同

駑駘飽官粟未受一洗空十駕均一至何事簫雲風

王晉卿示詩欲奪海石錢穆父王仲至蔣

潁蚪皆次韻穆至二公以為不可許獨潁

叔不然今日潁沝見訪親覩此石之妙遂
悔前語輒以謂晉卿豈可終閉不予者若
能以韓幹二散馬易之者蓋可許也復次
前韻

相如有家山縹眇在眉緑誰云千里遠寄此一蟬足
平生錦綉腸蚤歲藜莧腹從教四壁空未遣兩峰蹙
吾今況衰病義不忘樵牧逝將仇池石歸泝岷山瀆
守子不貪寶完我無瑕玉故人詩相戒妙語予所伏
一篇獨異論三占從兩卜君家畫可數天驥紛相逐
風騣掠原野電尾梢澗谷君如許相易是亦我所欲

今朝安西守來聽陽關曲勸我留此峰他日來不速
軾欲以石易畫晉卿難之穆父欲兼取二
物頴対欲焚畫碎石乃復次前韻幷解三
詩之意
春冰無眞堅露葉失故緑鷄疑鵬萬里蛀笑夔一足
二豪爭攘袂先生一捧腹明鏡既無臺淨缾何用蹙古蹴蹙通
盆山不可隱畫馬無由牧聊將置庭宇何必棄
溝瀆焚寶眞愛寶碎玉未忘玉久知公子賢出語着
年伏欲觀博物妙故以求馬卜維摩既復捨天女還
相逐授之無盡燈照此久幽谷定心無一物法樂勝

五欲三峨吾鄉井萬里君部曲卧雲行歸休破賊見
神速晉卿將種常有此志

生日蒙劉景文以古畫松鶴為壽且貺嘉
篇次韻為謝

閭予一室間寍有千里廓塵心洗長松遠意發孤鶴
生朝得此壽死籍疑可落微言在叅同妙契藏九籥
故人有奇趣逸想寄幽壑霜枝謝寒暑雲翮無前却
何須構明堂未羨巢阿閣緬懷別時語復作數日惡
詩腴固堪飡字瘦還可愕髙標忽在眼清夢了如昨
君今噲等伍志與湛輩各豈待相顧言方為不朽託

子雲老執戟長孺終主爵吾當追喬松子亦鄗衛霍

程德孺惠海中柏石無辱佳篇輙復和謝

嵐薫瘴染却膚腴笑飲貪泉獨繼吴未欲連車收薏苡肯教沉網取珊瑚不知庾嶺三年別收得曹谿一滴無但指庭前雙柏石要予臨老識方壺

次秦少游韻贈姚安世

帝城如海欲尋難肯捨漁舟到杏壇剥啄扣君容膝戶巍峨笑我切雲冠悶羊獨怪初平在牧豕應同德曜看肎把參同較同異小窓相對為研丹

次丹元姚先生韻一首

浮生知幾何僅熟一釜羹耶於俯仰間用此委曲情
自憐無他腸偶亦得此生懸知當去客中有不亡存
但恐宿緣重每為習氣昏似聞梅子眞近在吴市門
未能肩拊洪但欲目擊温不敢扣門呼恐作踰垣奔
且令紹介先徐以方便論不學劉更生黄金鑄尚方
不學房次律身事問潁陽王烈亦何人叔夜未可量
獨見神山開遂飡石髓香至道尚聽瑩麤材終蹶張
先生喜而笑幅巾登我堂苦誓指黄壤要言刻青琅
蓬萊在何許弱水空相望且當從嵇阮聊復數山王
達人友四海曲士守一疆愼勿使形諜兒童驚夜光

次韻秦少游王仲至元日立春三首

省事天公厭兩回新年春日併相催慇懃更下山陰雪要與梅花作伴來

已卯嘉辰壽阿同願渠無過亦無功明年春日江湖上回首觚稜一夢中子由亦字同叔元日己卯渠本命也

詞鋒雖作楚騷寒德意還同漢詔寬好遣秦郎供帖子盡驅春色入毫端立春日翰林學士供詩帖子

上元侍飲樓上三首呈同列

淡月疎星遶建章仙風吹下御爐香侍臣鵠立通明觀一朶紅雲捧玉皇

薄雪初消野未耕賣薪買酒看升平吾君勤儉倡優拙自是豐年有笑聲

老病行穿萬馬群九衢人散月紛紛歸來一點殘燈在猶有傳柑遺細君（侍飲樓上則貴戚爭以黃柑遺近臣謂之傳柑蓋尚矣）

送蔣穎叔帥熙河詩 并引

穎叔出使臨洮軾與穆父仲至同餞之各賦詩一篇以今我來思為韻致遄歸之意軾得我字

西方猶宿師論將不及我苟無深入計緩帶我亦可承明正須君文字粲藻火自薦雖云數留行終不果正坐喜論兵臨老付邊瑣新詩出談笑僚友困掀簸

我欲歌杕杜楊柳方婀娜邊風事首虜所得蓋么麽
願爲魯連書一射聊城苛陰功在不殺結草酬魏顆

再送二首

使君九萬擊鵬鯤肯爲陽關一斷魂不用寬心九千
里安西都護國西門
餘刃西屠横海鯤應予詩讖是游魂歸來趂别陶洪
景看挂衣冠神虎門

次韻頴对觀燈一首

安西老守是禪僧到處應然無盡燈永夜出遊從萬
騎諸羌入看擁千層便因行樂令投甲不用防秋更

打冰振旅歸來還侍燕十分宣勸恐難勝

次韻王晉卿奉　詔押高麗燕射

北苑傳呼陛楯郎東夷初識令君香天山自可三箭取海國何勞一葦航宣勸不詞金盌側醉歸爭看玉鞭長錦囊詩草勤收拾莫遣雞林得夜光

次韻錢穆父王仲至同賞田曹梅花

寒廳不知春獨立耿玉雪閉門愁永夜置酒及明發忽驚庭户曉未受煙雨沒浮光風宛轉照影水方折鬢霜未易掃眉斧真自伐惟當此花前醉卧黃昏月

送襄陽從事李友諒歸錢塘

居杭積五歲自意本杭人故山歸無家欲卜西湖隣
良田不難買靜士誰當親髯張既超然老潛亦絕倫
李子冰玉姿文行兩清淳歸從三人游便足了此身
公堤不改昨姥嶺行開新幽夢随子去松花落衣巾

次韻吳傳正枯木歌一首

天公水墨自奇絕瘦竹枯松寫殘月夢回蹤影在東
匈驚怪霜枝連夜發生成變壞一彈指乃知造物初
無物古來畫師非俗士妙想實與詩同出龍眠居士
本詩人能使龍池飛霹靂君雖不作丹青手詩眼亦
自工識拔龍眠胸中有千駟不獨畫肉兼畫骨但當

與作少陵詩或自與君拈禿筆東南山水相招呼萬
象入我摩尼珠盡將書畫散朋友獨與長鋏歸來乎

送黃師是赴兩浙憲

世久無此士我晚得王孫盌 非烒度家豈出次公門
白首沈下吏緑衣有公言哀哉吳越人久為江湖吞
官自倒帑廪飽不及黎元近聞海上港漸出水底村
願君五袴手招此半菽魂一見刺史天稍忘獄吏尊
會稽入吾手鏡湖小於盆比我東來時無復瘡痍存

送范中濟經略侍郎分韻賦詩軾得先字

且贈以魚枕盃四馬箠一

梁李久樂禍自焚豈非天兩鼠鬬穴中一勝亦偶然
謀初要百慮善後乃萬全廟堂選世將范氏真多賢
仁風被宿麥綠浪摇秦川號令聳毛羽先聲落虛弦
我家天一方去路城西偏投竿困障日賫劒行歸田
贈君荆魚盃副以蜀馬鞭一醉可以起毋令祖生先

書晁說之考牧圖後

我昔在田間但知羊與牛牛平牛背穩如駕百斛舟
舟行無人岸自移我卧讀書牛不知前有百尾羊聽
我鞭聲如鼓鼙我鞭不妄發視其後者而鞭之澤中
草木長草長病牛羊尋山跨坑谷騰趠筋骨强煙簑

雨笠長林下老去而今空見畫世間馬耳射東風悔不長作多牛翁

呂與対學士挽詞

言中謀猷行中經關西人物數清英欲過牀度留終日未識魯山空此生論議凋零三益友功名分付二難兄老來尚有憂時歎此涕無從何處傾

丹元子示詩飄飄然有謫仙風氣吴傳正繼作復次其韻

飛仙亦偶然脱命瞬息中惟詩不可擬如寫天日容夢中哦七言玉丹已入懷一語遭虐綽失身墮蓬萊

蓬萊至今空護短不養才上界足官府謫仙應退休
可憐吴與蘇骯髒雪滿頭雪滿頭終當却與丹元子
笑指東海乘桴浮

次王定國韻書丹元子寍極齋

仙人與吾輩寓迹同一塵何曾五漿餽但有爭席人
寍極無常居此齋自隨身人那識鄒鑒天不留封倫
誤落世網中俗物愁我神先生忽扣戶夜呼祁孔賓
便欲隨子去著書未絶麟頗挂神虎冠往卜飲馬鄰

王仲至侍郎見惠稺栝種之禮曹北垣下

王郎瀟納綺意與陋巷親南遊苦不蚤儻及蓴鱸新

今百餘日矣蔚然有生意喜而作詩

翠栝東南美近生神嶽陰惜哉不可致霜根絡雲岑

仙風振高標香實隕平林偶隨櫟櫟生不爲樵牧侵

忽驚黄茅嶺稍出青玉鍼好事雖力取王城少知音

豈無換鵞手但知覔來禽高懷獨夫子一見捐槖金

得之喜不寐贈我意殊深公堂開後閤凡木愧華簪

栽培一寸根寄子百年心常恐樊籠中摧我鸞鶴衿

誰知積雨後寒芒曉森森恨我迫歸老不見汝十尋

蒼皮護玉骨旦莫視古今何人風雨夜卧聽飢龍吟

次韻錢穆父馬上寄蔣潁叔二首

玉關不用一丸泥自有長城鳥鼠西剩與故人尋土物臘糟紅麴寄駞蹄

多買黃封作洗泥使君來自隴山西高才得兎人人羨爭欲尋蹤覔舊蹄

表弟程德孺生日一首

仗下千官散紫庭時聞小語説蘇程長身自昔傳甥舅壽骨遥知是弟兄（予與君皆壽骨真耳班列中多指予二人不問而知其為中表也）曾活萬人盌望報（君在楚州予在杭州皆過飢歲活數萬人）祇求五畝却歸耕四朝遺老凋零盡鶴髪他年幾箇迎

七年九月自廣陵召還復館于浴室東堂

八年六月乞會稽將去汶公乞詩乃復用

前韻

乞郡三章字半斜廟堂傳笑眼昏花上人問我遲留意待賜頭綱八餅茶尚書學士得賜頭綱龍茶一斤八餅今年綱到最遲夢遶吳山却月廊白梅盧橘覺猶香杭州梵天寺有月廊數百間寺中多白楊梅盧橘會稽且作須臾意從此歸田策最良東南此去幾時歸倦鳥孤雲豈有期斷送一生消底物三年光景六篇詩

吳子野將出家贈以扇山枕屛一首

峩峩扇中山絕壁信天剖誰施大圓鏡衡霍入戶牖

得之老月師畫者一醉叟常疑若人胸自有雲夢藪

千巖在掌握用捨彈指久低昂不自知恨寄兒女手

短屏雖曲折高枕謝奔走出家非今日法水洗無垢

浮游雲釋嶠燕坐柳生肘忘懷紫翠間相與到白首

東府雨中別子由

庭下梧桐樹三年三見汝前年適汝陰見汝鳴秋雨

去年秋雨時我自廣陵歸今年中山去白首歸無期

客去莫歎息主人亦是客對床定悠悠夜雨空蕭瑟

起折梧桐枝贈汝千里行重來知健否莫忘此時情

謝仲適坐上送王敏仲北使

衝風振河朔飛霧失太行相逢不相識下馬須眉黄
洗眼忽驚笑見此玉節郎喜有賢主人共此燈燭光
聚散一夢中人北鴈南翔吾生如寄耳送老天一方
幸子遇明主陳經入西廂歸期不可緩倚相宜在傍

書丹元子所示李太白真

天人幾何同一漚謫仙非謫乃其游麾斥八極隘九
州化為兩鳥鳴相酬一鳴一止三千秋開元有道為
少留縻之不可矧肯求西望太白横峨岷眼高四海
空無人大兒汾陽中令君小兒天台坐忘真生年不
知高將軍手汙吾足乃敢瞋作詩一笑君應聞

次韻曾仲錫承議食蜜漬生荔支一首

代北寒齏擣韭萍奇苞零落似晨星逢鹽久已成枯腊得蜜猶應是薄刑欲就左慈求拄杖便隨李白跨滄溟攀條與立新名字兒女稱呼恐不經俗有十八娘荔支

大行太皇太后挽詞二首

至矣吾三后功高漢已還復推元祐冠蓋得永昭全臣甞於經筵論奏仁宗皇帝謚曰明孝若明而不仁則民畏而不愛仁而不明則民愛而不畏今大行太皇太后亦兼此二德故天下思慕庶幾於仁宗也有作猶非聖無私乃是天侍臣談要道家法信家傳宰相以下甞於經筵論奏祖宗以來家法十餘事書於記注

却狄安諸夏先王社稷臣固應祠百世何止活千人
定策天知我忘家帝念親萬方何以報得疾為勤民

再和曾仲錫荔支一首

柳花着水萬浮萍荔實周天兩歲星柳至易成飛絮落水中經宿即為浮萍荔支至難長二十四五年乃實本自玉肌非鵠浴至今丹殼似猩刑侍郎賦詠窮三峽妃子煙塵動四溟莫遣詩人説功過且隨香草附騷經

次韻滕大夫三首

雪浪石

太行西來萬馬屯勢與岱嶽爭雄尊飛狐上黨天下

脊半掩落日先黄昏削成山東二百郡氣壓代北三家村千峰右卷矗牙帳崩崖鑿斷開土門揭來城下作飛石一礮驚落天驕魂承平百年烽燧冷此物僵卧枯榆根畫師爭摹雪浪勢天工不見雷斧痕離堆四面繞江水坐無蜀士誰與論老翁兒戲作飛雨把酒坐看珠跳盆此身自幻孰非夢故園山水聊心存

同前

我項三章乞越州欲尋萬壑看交流且憑造物開山骨已見天吴出浪頭石中似有海獸形狀履道鑿池雖可致玉川卷地若為收洛陽泉石今誰主莫學癡人李與牛

沉香石

壁立孤峰倚硯長共疑沉水得頑蒼欲隨楚客紉蘭佩誰信吴兒是木腸山下曾逢化松石玉中還有辟邪香早知百和俱灰燼未信人言弱勝强

石芝詩并引

予昔夢食石芝作詩記之今乃真得石芝於海上子由和前詩見寄予頃在京師有鑿井得如小兒手以獻者臂指皆具膚理若生予聞之隱者曰此肉芝也與子由烹而食之追記其事復次前韻

土中一掌嬰兒新爪指良是肌骨勻見之怖走誰敢

食天賜我爾不及賔旌陽遠遊同一許長史玉斧皆
門戶我家章布三百年秖有陰功不知數踠陳八篋
加六瑚化人視之眞塊蘇肉芝烹熟石芝老笑㽅熊
掌嚬雕胡老蠡作壐何時脫夢想至人空激烈古來
大藥不可求眞契當如磁石鐵

鶴歎一首

園中有鶴馴可呼我欲呼之立坐隅鶴有難色側睨
予豈欲臆對如鵩乎我生如寄良畸孤三尺長脛閣
瘦軀俛啄少許便有餘何至以身爲子娛驅之上堂
立斯須投以餅餌視若無嘎然長鳴乃下趨難進易

退我不如

送曾仲錫通判如京師

邊城歲莫多風雪強壓春醪與君別玉帳夜談霜月苦鐵騎曉出氷河裂斷蓬飛葉卷黄沙秖有千林髿鬖花應為王孫朝上國珠幢玉節與排衙左援公孝右孟博我居其間嘯且諾僕夫為我催歸來要與北海春水爭先回

和錢穆父送别并求頓遞酒次韻

聯鑣接武兩長身鵷鷺行中語笑親九子羨君門户壯八州憐我往來頻仙閣東府開賓閣便乞西湖洗

塞壓更向青齊覓消息要知從事是何人

東坡後集卷第三